Índice

Introducción

Ya tu hijo es un Genio. ¡Ayúdalo!

Los niños entre los 2 y los 4 años de edad, desarrollan una de las etapas más importante de su vida: la edad de las preguntas o la edad de los "por qué". Seguro les suena familiar la voz de un niño diciendo: "¿y Por qué?", "¿y Por qué?", esto es muy común en esta edad y en ocasiones perdemos la batalla ante tantas preguntas, ya que no tenemos la técnica para responder o incluso no sabemos las respuestas de las preguntas que hacen nuestros pequeños genios. ¿y Por qué el cielo es azul?

Nunca antes en la historia de la humanidad, habíamos tenido acceso a tanta información al mismo tiempo. Así que no tenemos excusas para no responder cualquier pregunta que nos hagan nuestros pequeños genios.

Los grandes genios de la historia (desde Mozart hasta Mark Zuckerberg) tuvieron o tienen una curiosidad infinita de conocer cómo funcionan las cosas. Pero esta curiosidad no nació de un día para otro. Esta curiosidad infinita empezó desde su infancia en la etapa más importante de su vida. La edad de los "por qué". La curiosidad infinita es experimentar por nosotros mismos el cómo funcionan las cosas para entender el mundo que nos rodea. Exponer a los niños a temprana edad a los temas de ciencia, es exponerlos a descubrir el mundo con sus propias manos, su mente se abrirá camino en el universo de la curiosidad y tendrán esa hambre natural de querer saber cómo funcionan las cosas y por qué.

A continuación, les presentaremos diez razones por las cuales deben comprar este libro:

1) Despertaras de una forma única y divertida la curiosidad en tus hijos por las ciencias y la investigación.

2) Estarás contribuyendo a que tu hijo adquiera nuevas palabras, aumentara su vocabulario.

3) Tu hijo desarrollara habilidades como: razonamiento lógico, argumentación y cuestionamiento de las cosas.

4) Estará capacitándose para buscar alternativas y expresar libremente su opinión.

5) Desarrollaran la tolerancia a la frustración, ya que al intentar realizar los experimentos puede ocurrir que en el primer intento no resulte, más es importante que les instemos a insistir hasta lograr el objetivo. (la gran capacidad de ensayo-error).

6) Aprenderán a no darse por vencido. A siempre conseguir una solución. (aplica a la vida real). El gran valor de la perseverancia.

7) Encontrara muchas actividades productivas para compartir tiempo de calidad con su hijo. Recuerden que nuestros hijos recordaran lo compartido y lo vivido (más que los juguetes y cosas materiales que podamos darles).

8) No requiere de grandes inversiones de dinero para realizar estos experimentos, con cosas tan simples y sencillas como agua, vinagre y bicarbonato puede realizar un gran experimento. (materiales fáciles de conseguir).

9) El paso a paso esta tan detallado, que es de fácil comprensión.

10) Usted y sus hijos aprenderán conceptos nuevos y descubrirán juntos ¡la magia de aprender!

El proyecto educativo que está a punto de ver, está siendo aplicado actualmente a niños a partir de un año (1) de edad. Los niños del proyecto educativo DAYMAR, a través de nuestras clases de ciencias y experimentos científicos, en un ambiente seguro y controlado, conocen de una forma única y divertida los conceptos de: densidad, termodinámica, electromagnetismo, osmosis y otros fenómenos naturales sin haber aprendido a leer y escribir. ¿Sorprendente no?

Es por eso que le compartimos esta guía para formar niños genios despertando su curiosidad infinita para que conozcan y entiendan cómo funciona el mundo que nos rodea.

Estos experimentos científicos están diseñados para realizarse en casa con materiales sencillos, es recomendable la supervisión y ayuda de un adulto en todo momento.

En cada experimento se detalla los materiales a utilizar, el procedimiento y la discusión, así como ayudas visuales.

Se recomienda tener siempre el material previsto antes de iniciar los experimentos, para que el tiempo de acción y ejecución sea el adecuado y no interfiera en el resultado. Esten muy atentos a cada detalle, cada material requerido, puede ser sustituido sin problema, sin embargo, se recomienda seguir las especificaciones para comprobar el resultado deseado. Si su pequeño se equivoca no le regañe, ya que esto cohibirá que se integre de manera natural en este proceso de aprender y además le estará dando una clara señal de que es malo equivocarse. Recuerde que la idea es que su hijo pueda manipular, sentir y explorar cada material, permítale el tiempo y la libertad de hacerlo, una vez que tenga toda su atención aproveche para retroalimentar con la explicación científica. No tema hablarle con palabras sofisticadas y términos científicos, pues de esta forma ellos aprenden. Aunque no lleguen a comprender en toda su dimensión las palabras, estas se habrán quedado fijadas en su mente y florecerán más adelante. Repita los experimentos cuantas veces ellos quieran, recuerde que los niños ven la misma cosa una y otra vez pues en cada oportunidad descubren nuevas cosas, aunque usted ya este aburrido de repetirlo permítales la oportunidad a sus hijos de reforzar e interiorizar el conocimiento. No olvidemos que los niños aprenden por repetición. Y si le añadimos a esa repetición el entusiasmo y gran deseo de aprender ya tenemos gran parte ganada.

Cada experimento es una oportunidad para despertar en su pequeño genio la curiosidad, conocer su forma de pensar y analizar cada hecho, de forjar incluso partes importantes de su personalidad como lo es su carácter, la tolerancia a la frustración, la paciencia, la perseverancia, el entusiasmo y la actitud frente a cada logro o fallo.

Tanto usted como yo somos guías en este proceso y tenemos la gran tarea de brindar herramientas útiles y efectivas para que nuestros hijos logren desarrollar estas habilidades y se forme su carácter.

¿Cómo un libro puede invitarnos a desarrollar tantas habilidades?, la única forma efectiva de ver los resultados es aplicando los conocimientos, y este libro le presenta justo esa oportunidad para poner en practica dichos conocimientos y desarrollar habilidades junto a sus pequeños tesoros.

Nuestros hijos recordaran todas esas veces que los llevamos al parque, cuando nos sentamos con ellos en la mesa a compartir los alimentos, cuando jugamos a las escondidas, cuando les curamos aquella herida y nos dolió más a nosotros que a ellos, aquellas vacaciones en la playa donde disfrutamos y reímos sin parar, este verano de ciencias donde realizamos todos los experimentos de este libro y los compartimos con entusiasmo con toda nuestra familia, esos son los recuerdos memorables que tendrán nuestros hijos. No recordaran los juguetes costosos, esos que en menos de una semana perdieron el interés por ellos y pasaron al cuarto del olvido, no recordaran la ropa carísima que les compraste. Lo que realmente recordaran es lo que hemos sembrado en ellos, desde una perspectiva consciente y amorosa.

Sin más preámbulos les invitamos a poner toda la disposición y amor en acción para realizar cada uno de estos maravillosos experimentos que hemos preparado para ustedes con mucho entusiasmo y cariño. Con toda seguridad les podemos decir que sus pequeños no volverán a ver las cosas del mismo modo después de cada experimento. Bienvenidos a este maravilloso ¡Verano Científico!

Experimento Nro. 1: La copa de Pitágoras

Materiales y Productos necesarios.

- ➤ 1 vaso con agua
- ➤ 1 botella de plástico
- ➤ 1 recipiente vacío
- ➤ 1 Punzón
- ➤ 1 pitillo (popote o sorbete o pajilla) flexible
- ➤ 1 pedazo de plastilina o pistola de pegamento caliente
- ➤ colorante alimentario (opcional)

Procedimiento.

1. Toma la botella de plástico, córtala por la mitad y quédate con el extremo que tiene la tapa. Luego perfora un orificio en la tapa, de manera que puedas atravesar el pitillo (esto se puede lograr perforando la tapa con un punzón caliente).

2. Toma el pitillo e introdúcela por la perforación, asegurándote de que el extremo flexible forme una curva en el interior de la botella.

3. Para fijar el pitillo a la tapa y evitar que se escape el agua, rodea el pitillo con un poco de plastilina o pegamento caliente

(Se requiere la ayuda de un adulto).

4. Si lo deseas, agrega un poco de colorante al agua y sujeta la botella de plástico sobre un recipiente vacío u otro vaso. Lentamente, comienza a llenar la botella con agua.

5. Observa con detenimiento qué sucede

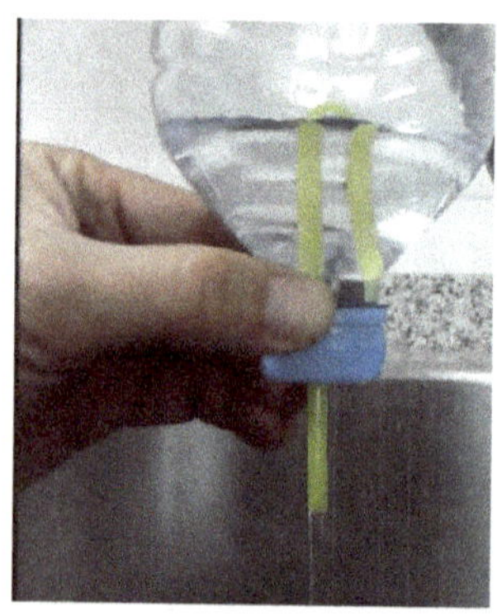

cuando llenas la botella por debajo y
por encima de la curva de la pajilla.

Explicación.

Cuando se llenas el vaso con agua, el extremo corto del pitillo
comienza a llenarse también hasta alcanzar el mismo nivel de agua
dentro del vaso. Mientras el nivel del líquido no se eleve más allá de
la curva superior del pitillo, el líquido permanecerá dentro del vaso
como es de esperarse. Pero si agregas más agua, la gravedad creará un
"Efecto Sifón" lo que hace que toda el agua se derrame a través del
extremo largo del pitillo.

¿Sabías que algunos inodoros funcionan según este mismo principio?
Cuando el nivel del agua se eleva lo suficiente dentro de la taza, se
crea un sifón que descarga el inodoro.

Experimento Nro. 2: La flecha mágica

Materiales y Productos necesarios.

- ➢ 1 Un vaso de vidrio
- ➢ Agua
- ➢ Una hoja de papel en Blanco
- ➢ 1 Marcador

Procedimiento.

1. Dibuja dos flechas horizontales de igual sentido en la hoja de papel y luego dobla la hoja en forma de L de tal manera que pueda pararse sobre la mesa

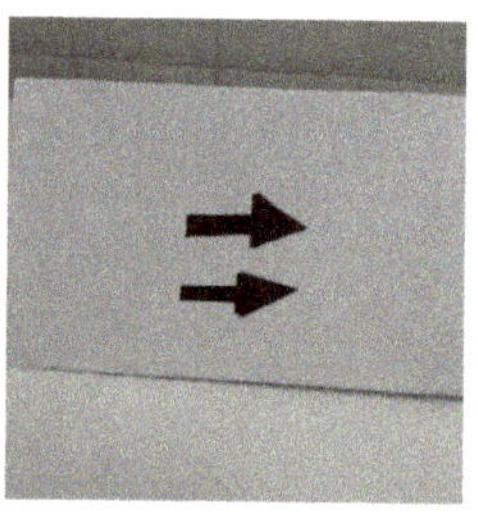

2. Coloca el vaso con agua delante del papel con el dibujo de las dos flechas.

3. Llena lentamente el vaso con agua hasta un nivel por encima de la primera flecha

4. Observa lo que sucede con la flecha a medida que mueves el vaso hacia delante y atrás. Notarás que, al alcanzar cierta distancia, la flecha parece apuntar en la dirección contraria, ¡como por arte de magia!

Explicación.

Aunque el resultado de este experimento parezca mágico, su fundamentación se encuentra en la ciencia y no en la magia. Resulta que, cuando la luz pasa de un material a otro puede doblarse o refractarse. En este experimento, la luz viajó desde el aire, atravesando el vidrio, luego el agua y la parte posterior del vidrio. Finalmente, la luz regresó por el aire, antes de alcanzar la flecha.

¿Sabías que los lentes de los anteojos funcionan gracias a la **"Refracción de la luz**? Los lentes de los anteojos son piezas de vidrio que doblan los rayos de la luz lo suficiente para enfocar las imágenes, y permitir a las personas que lo necesitan, ver correctamente.

Experimento Nro. 3: El agua viajera

Materiales y Productos necesarios.

- ➢ Agua
- ➢ 5 vasos cortos transparentes
- ➢ Papel absorbente de cocina
- ➢ Colorante para alimentos (3 colores diferentes)

Procedimiento.

1. Llena con agua el primero, tercero y quinto vaso y agrega colorante de alimentos de diferentes colores en cada vaso, deja un vaso vacío entre cada vaso

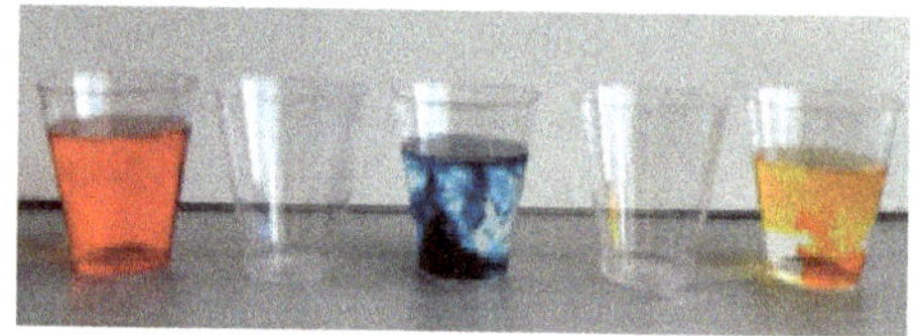

2. Recorta el papel de cocina en cuatro partes de manera que quepan entre los vasos de la siguiente manera: cada extremo del papel debe ir desde el fondo de un vaso al siguiente sin que sobre mucho espacio entre ellos.

3. Luego coloca el papel de cocina previamente recortado entre los vasos. Al cabo de unos minutos verás como el agua comienza a subir por el papel absorbente y descender hacia el vaso vacío para mezclarse los colores.

Explicación

13

Como habrás podido observar, el agua con colorante subió por el papel de cocina y llegó hasta el vaso vacío. Por su parte, el vaso vacío se llenó de agua hasta que los niveles de agua de todos los vasos eran iguales. Este recorrido del agua a través del papel se debe a un fenómeno llamado **"acción capilar"**. La acción capilar es la capacidad de un líquido para fluir hacia arriba, desafiando la gravedad en espacios estrechos. Es la misma acción que permite a las raíces de una planta transportar el agua hacia las hojas.

Experimento Nro. 4: La lámpara de lava

Materiales y Productos necesarios.

- ➢ Agua
- ➢ Un envase o botella de plástico
- ➢ Aceite vegetal
- ➢ 1 tableta efervescente como Alka-Seltzer para una botella de 16 onzas (si la botella es de un litro, necesitarás 2 tabletas)
- ➢ Colorante para alimentos

Procedimiento.

1. Vierte el aceite en la botella de plástico hasta llenar 2/3 de su capacidad, luego agrega un poco de agua dejando espacio en la parte superior.

2. A continuación, coloca 10 gotas de colorante para alimentos. Hazlo una gota a la vez y observa cómo el color se hunde lentamente hasta el fondo y se extiende.

3. Por último, agrega la tableta de Alka-Seltzer en la botella.

4. Opcional: Si se coloca una pequeña linterna (podría ser la linterna de un Smartphone) debajo de la botella de plástico verás un espectáculo de luces coloridas.

Explicación

Como has podido observar el aceite flota en el agua, esto se debe a que es más ligero o denso que el agua. El aceite y el agua no se mezclan debido un fenómeno llamado "**polaridad intermolecular**".

La polaridad intermolecular básicamente significa que las moléculas de agua son atraídas por otras moléculas de agua. Las moléculas de aceite son atraídas por otras moléculas de aceite. Pero las estructuras de las moléculas del agua y el aceite no les permite unirse entre sí.

Cuando agregaste la tableta, esta se hundió hasta el fondo y comenzó a disolverse creando un gas conocido como dióxido de carbono. Este gas es más ligero que el agua por lo que flota en la parte superior. Las burbujas de gas atraen parte del agua coloreada y la transportan a la superficie. Cuando el gas sale del agua coloreada, el agua vuelve a ser pesada y se hunde. Esto sucede una y otra vez hasta que la tableta se disuelve por completo.

Experimento Nro. 5: Arcoíris casero

Materiales y Productos necesarios.

- ➢ Vaso con agua
- ➢ Espejo
- ➢ Cuarto oscuro
- ➢ Linterna

Procedimiento.

1. Coloca el vaso de agua sobre una mesa y luego ubica el espejo en su interior en un ángulo.

2. Asegúrate de que la habitación esté totalmente a oscuras. Cierra todas las cortinas y las persianas para que haya una oscuridad total.

3. Toma la linterna y dirige la luz hacia el espejo que ubicaste dentro del vaso. Observa cómo aparece un arcoíris en el ángulo de tu espejo. ¡Ajusta el ángulo del espejo como quieras!

Explicación

Acabas de hacer tu propio arcoíris, pero ¿sabes qué explicación tiene tu creación? Un arcoíris es un fenómeno óptico que aparece como una banda de colores en un arco, y es el resultado de la "**Refracción de la luz**" de los rayos del sol por la lluvia. Cuando el sol brilla sobre las gotitas de agua en la atmósfera se forma un arcoíris.

El arcoíris muestra los colores rojo, naranja, amarillo, verde, azul, índigo y violeta en ese orden. Su formación también puede ser causada por otras cosas, tales como la niebla y el rocío.

Experimento Nro. 6: El baile del azúcar

Materiales y Productos necesarios.

- ➢ 2 Copas de cristal
- ➢ 1 Guante de látex
- ➢ Tijeras
- ➢ 1 Liga elástica
- ➢ Azúcar
- ➢ Agua

Procedimiento.

1. Recorta el guante de látex con

ayuda de la tijera y saca un círculo de mayor diámetro que la boca de las copas.

2. Coloca el circulo de látex encima de la boca de una de las copas asegurándolo con la liga elástica de tal manera que el látex quede completamente templado en la parte superior.

3. Coloca una pequeña porción de azúcar y espárcela sobre la superficie de látex en la copa.

4. Vierte agua en la otra copa hasta completar un tercio de su altura.

5. Colócala con agua muy cerca de la copa con el látex y el azúcar

6. Humedece el dedo índice con agua y frótalo con cuidado, de manera circular, contra el borde de la copa que contiene agua hasta que logres escuchar un sonido y verifiques que los granitos de azúcar comienzan a bailar.!

Explicación

Este experimento funciona gracias a que al frotar la copa con agua con nuestro dedo se crea una **resonancia** debido a que la hacemos vibrar y esa vibración se convierte en ondas de sonido que viajan hasta la otra copa y al impactar contra ella la hacen vibrar también. Cuando la otra copa vibra le transmite esa vibración a los granitos de azúcar que bailan y se ubican donde el movimiento los lleva.

Experimento Nro. 7: El Embudo Mágico

Materiales y Productos necesarios.

- ➢ 1 botella de agua vacía
- ➢ 1 embudo de boquilla fina
- ➢ Plastilina
- ➢ Agua en un recipiente de boca ancha

Procedimiento.

1. Coloca el Embudo en el orificio de la botella.

2. Sella con plastilina el espacio que queda entre el embudo y la botella de manera que quede un tapón hermético con el objetivo de evitar que se escape el aire.

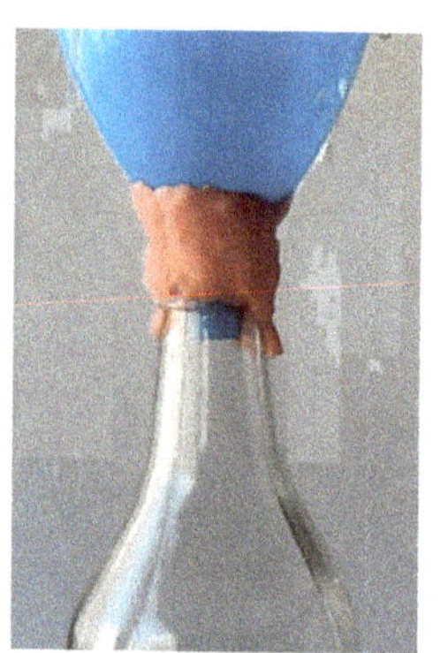

3. Vierte el agua dentro del embudo a un ritmo medianamente acelerado de tal manera que el volumen de agua sea mayor al volumen de agua que puede pasar por la boquilla fina del embudo.

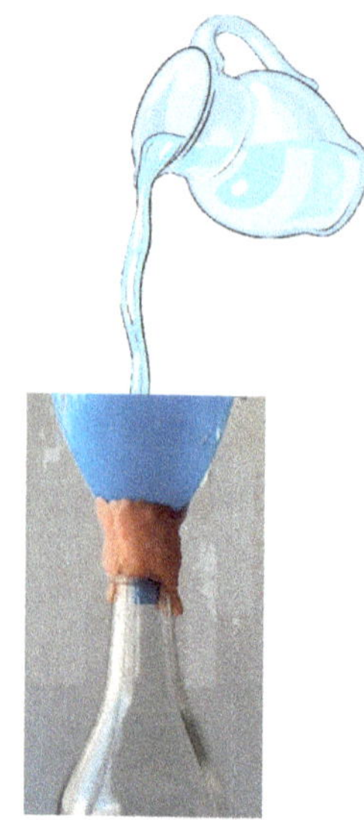

Sorpresa.! El agua no cae dentro
de la botella.!

Explicación

Al verter el agua con más caudal de lo que la boquilla del embudo
puede asumir, el aire que estaba dentro de la botella queda atrapado.
Debido al sellado que hemos realizado con la plastilina, el aire solo
puede escapar por el estrecho espacio del embudo, donde la presión
del aire que ejerce impide que el agua entre.

La botella no está vacía, sino que está llena de aire. **El aire es
materia, ocupa espacio y ejerce presión sobre otros cuerpos**,
incluida el agua.

Experimento Nro. 8: Las Esferas de aceite flotantes

Materiales y Productos necesarios.

> ➢ Aceite
> ➢ Agua
> ➢ Alcohol de 96 grados
> ➢ 1 recipiente de vidrio transparente grande
> ➢ 1 recipiente de vidrio transparente pequeño
> ➢ 1 Embudo (opcional)

Procedimiento.

1. Vierte un poquito de aceite en el recipiente pequeño.

2. Colocar el recipiente pequeño dentro del recipiente grande

3. Vierte cuidadosamente alcohol (con ayuda del embudo) por las paredes internas del recipiente grande hasta que sobrepase el vaso pequeño. Observa que el aceite se queda en el fondo del recipiente pequeño.

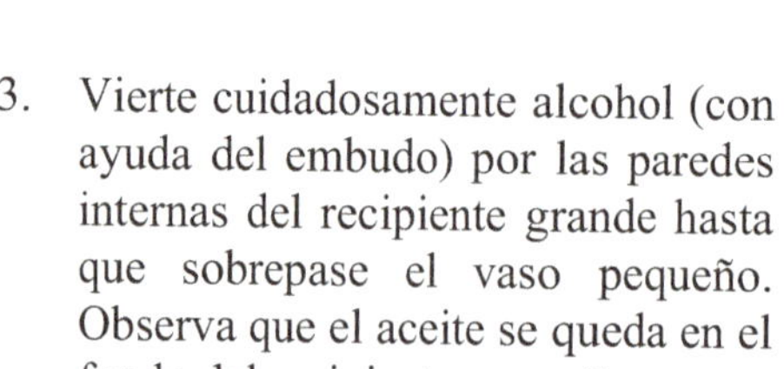

4. Vierte muy cuidadosamente agua (con ayuda del embudo) por las paredes del recipiente grande hasta que observes que el aceite forma unas burbujas que ascienden y se

mantienen flotando sin llegar completamente a la superficie del líquido.

Explicación

El aceite tiene la misma **densidad** que esa mezcla de agua y alcohol, lo que quiere decir que un volumen de aceite y el mismo volumen de la mezcla tienen un peso idéntico. El aceite flota en el medio y toma una forma redonda pues está rodeado por la mezcla, a la cual no puede mezclarse, y la forma redonda es la que permite al aceite estar lo menos posible en contacto con la mezcla. La *atracción terrestre* atrae al aceite hacia abajo y la reacción de la mezcla, a la que llamamos **"empuje de Arquímedes"**, empuja el aceite hacia arriba. Es como si el aceite no tuviera peso.

Experimento Nro. 9: La Torre de Hielo Instantáneo

Materiales y Productos necesarios.

- ➢ 1 congelador o refrigerador (heladera)
- ➢ 1 botella mediana sellada de agua mineral
- ➢ 1 plato.
- ➢ 1 cubito de hielo.

Procedimiento

1. Introduce la botella de agua mineral dentro del congelador por 2 horas y media (150 minutos) a una temperatura aproximada de -18 grados centígrados (Celsius).

2. Coloca el cubito de hielo sobre del plato.

3. Saca la botella de agua mineral del congelador, con cuidado de no agitarla ni golpearla y verifica que aún se encuentre en estado líquido.

4. Destapa la botella y vierte lentamente el agua sobre el cubito de hielo. Veras como instantáneamente se forma

una torre de hielo por
encima del cubito.

Explicación

La formación instantánea de la torre de hielo se debe a un proceso
llamado **súper fusión o súper enfriamiento** que ocurre porque el
agua se ha enfriado por debajo de su punto de congelación (0 ∘C) sin
llegar a congelarse, pero al primer contacto con el hielo, las moléculas
del agua líquida se cristalizan alrededor de las moléculas del agua
congelada que ya estaban cristalizadas

.

Experimento Nro. 10: Las Flores de papel que Florecen

Materiales y Productos necesarios.

- ➢ 1 hoja blanca de papel bond.
- ➢ 1 Lápiz y varios colores.
- ➢ 1 Tijeras.
- ➢ 1 Plato grande.
- ➢ 1 Vaso con agua.

Procedimiento

1. Dibuje y Coloree a su gusto varias flores en la hoja de papel bond.

2. Recorte las flores por los bordes de cada una.

3. Doble los pétalos de cada flor hacia adentro.

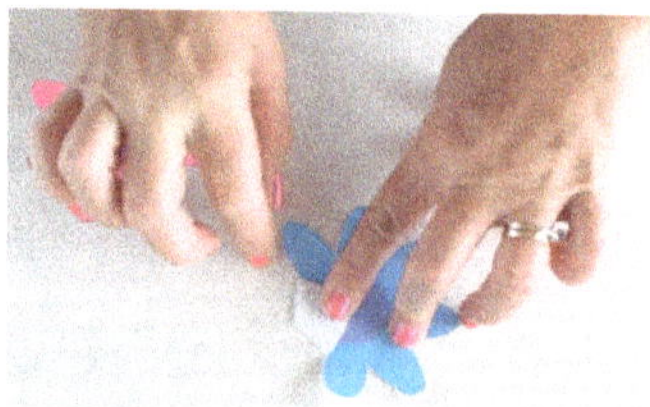

4. Vierta el agua en el plato.

5. Coloque las flores dobladas sobre el agua y verá como al cabo de pocos segundos las flores de papel abren sus pétalos espontáneamente.

Explicación

El papel está compuesto de fibras entrelazadas de celulosa y lignina, que a su vez proceden de la madera. Estas fibritas funcionan como **pequeños capilares que son capaces de absorber el agua** del recipiente. Con el aporte de agua las fibras **se hinchan y se enderezan**, lo que provoca que los pétalos de la flor se abran.

Experimento Nro. 11: La Moneda Invisible

Materiales y Productos necesarios.

> ➢ 2 Vasos de Cristal.
> ➢ 2 Monedas
> ➢ Agua.

Procedimiento

1. Coloca los dos vasos uno al lado del otro sobre una mesa.

2. Coloca una moneda dentro del primer vaso, agrega agua y notaras que así si se ve la moneda.

3. Coloca la otra moneda debajo del segundo vaso, agrega agua y notaras que en esta ocasión la moneda desaparece.!

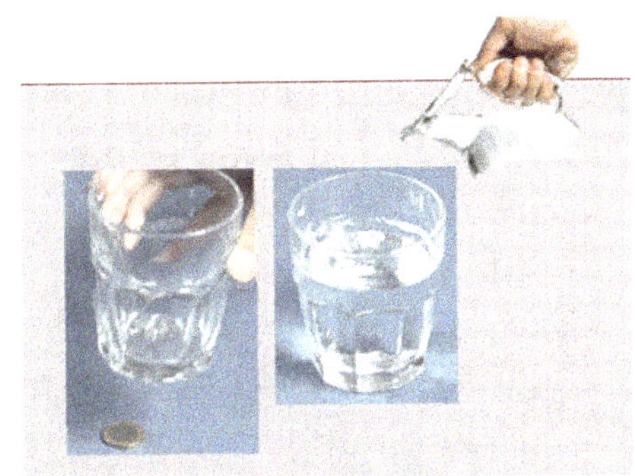

Explicación

La luz al pasar de un medio a otro se desvía, como al pasar de aire a agua, o de agua a cristal. **Este fenómeno se llama refracción**. En la primera parte del experimento vemos la moneda porque la luz reflejada llega a nuestros ojos. Sin embargo, en el segundo caso la luz debe pasar dos veces por el cristal, por eso cuando miramos el vaso desde un lado, la doble refracción nos hará creer que la moneda ha desaparecido.

Experimento Nro. 12: El Globo Indeciso

Materiales y Productos necesarios.

- ➢ 1 botella pequeña vacía de agua mineral
- ➢ 1 globo de fiesta pequeño
- ➢ 2 recipientes grandes
- ➢ Agua Fría
- ➢ Agua Caliente

Procedimiento

1. Estira la boca del globo y colócalo alrededor de la boca de la botella de agua mineral.

2. Vierte Agua Caliente en el primer recipiente hasta una altura de 2 cm e introduce la botellita con el globo en esta agua y veras como espontáneamente el globo se infla.!

3. Vierte agua fría (si es posible con hielo) en el segundo recipiente hasta una altura de 2 cm e introduce la botellita con el globo inflado en esta agua y veras como de repente el globo se desinfla.!

Explicación

Cuando la botella entra en el agua caliente el aire en su interior se calienta y se expande debido a que **la Presión aumenta con el aumento de la Temperatura**, y, por el contrario, cuando la botella entra en al agua fría el aire en su interior se enfría y se comprime debido a que **la Presión disminuye con la disminución de la Temperatura.**

Experimento Nro. 13: El Cubo de Hielo Submarino

Materiales y Productos necesarios.

- ➢ 1 vaso de cristal grande
- ➢ Aceite vegetal
- ➢ Aceite para bebe
- ➢ Un cubo de hielo

Procedimiento

1. Vierte aceite vegetal hasta la mitad de la altura del vaso.

2. Agrega aceite para bebe en el mismo vaso hasta una altura de 3 cm por encima del nivel que alcanzo el aceite vegetal (notarás que los aceites no se mezclan)

3. Introduce un cubo de hielo en el vaso y verás cómo sorprendentemente este cubo se sumerge en el aceite para bebe, pero se mantiene flotando en el aceite vegetal, además, si sigues observando notarás como cada gota de agua que se derrite del hielo se sumerge hasta el fondo del vaso.

Explicación

Todo es cuestión de **"Diferencia de Densidades".** El cubito de hielo (0,916 g/ml) es más denso que el aceite para bebe (0,820 gr/ml) pero menos denso que el aceite vegetal (0,960 g/ml), por eso, este se hunde en el aceite para bebe pero flota sobre el aceite vegetal en la superficie de separación de los dos líquidos.

Finalmente, El agua en estado líquido tiene más densidad que el agua en estado sólido (hielo) y también mayor densidad que el aceite vegetal, por eso, cuando el hielo se derrite cada gota de agua líquida se hunde hasta el fondo del vaso.

Experimento Nro. 14: Agua Blanda y Agua Dura

Materiales y Productos necesarios.

- ➢ 2 vasos de cristal grandes
- ➢ Sal
- ➢ Agua
- ➢ 2 huevos

Procedimiento

1. Coloca los dos vasos uno al lado del otro y llénalos de agua hasta el mismo nivel.

2. Agrega dos cucharadas de sal a uno de los vasos y agita hasta disolver completamente.

3. Introduce un huevo en cada vaso y verás como en agua sin sal el huevo se hunde hasta el fondo, pero en agua salada el huevo se mantiene flotando

Explicación

Todo es cuestión de **"Diferencia de Densidades".** Al agregar sal al agua creamos una mezcla (agua salada) con mayor densidad que el agua sola. El huevo (aproximadamente 1,100 g/ml) es más denso que el agua sola (1,000 gr/ml), por eso se hunde; pero menos denso que el agua salada (mayor que 1,100 g/ml) y por eso el huevo flota.

Experimento Nro. 15: La Burbuja que Camina

Materiales y Productos necesarios.

- ➢ Jabón líquido
- ➢ 1 Pajilla o Popote
- ➢ 1 lamina de acetato o portafolio liso
- ➢ 1 barra de plástico

Procedimiento

1. Coloca la lámina de acetato sobre la mesa y humedezca toda su superficie superior con el jabón líquido.

2. Utilizando el pitillo (o popote) infla una burbuja de jabón sobre la superficie de la lámina de acetato.

3. Frota la barra de plástico con tela de lana y luego acércala a la burbuja de jabón para que te sorprendas cuando a la burbuja se mueva atraída hacia tu barra.

Explicación

Resulta que, al frotar la barra de plástico con lana, esta se carga eléctricamente por fricción, luego al acercar la barra a la burbuja esta también se carga eléctricamente por inducción y en consecuencia ocurre el fenómeno de **atracción por fuerzas electrostáticas.**

Experimento Nro. 16: Palitos Estrellas

Materiales y Productos necesarios.

- ➢ 1 lamina de acetato o portafolio liso
- ➢ 5 palitos de diente (mondadientes)
- ➢ 1 frasco con tapa de gotero lleno de agua

Procedimiento

1. Coloca la lámina de acetato sobre la mesa (esto no es necesario si se tiene una mesa con superficie de formica o de metal pulido).

2. Dobla los cinco (5) palillos por la mitad y colócalos sobre la lámina de acetato en un arreglo tal como se muestra en la figura →

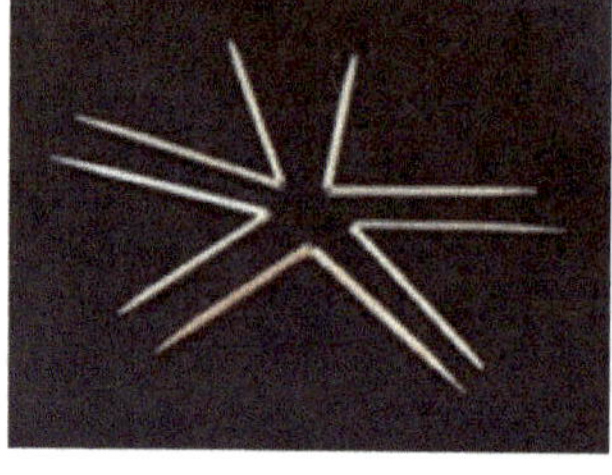

3. Vierte una o dos gotas de agua en el centro del arreglo de los palitos y verás como por arte de magia los palitos se mueven y se acomodan para formar una estrella de 5 puntas.

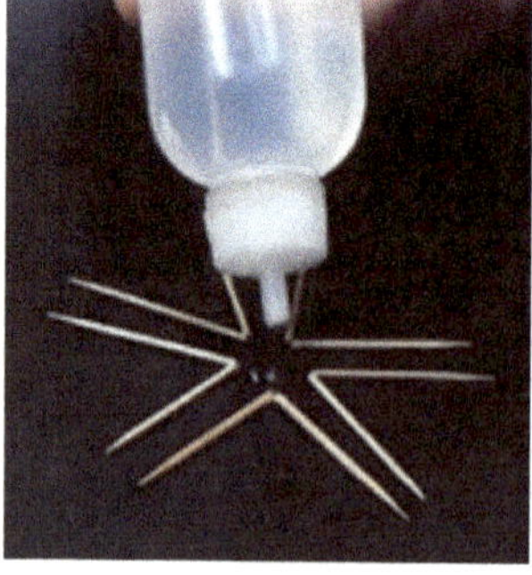

Explicación

La madera está compuesta principalmente por fibras entrelazadas de celulosa y hemicelulosa y estas son un **material de naturaleza higroscópica**, es decir, son capaces de absorber agua. En nuestro experimento, cuando las fibras de la madera de los palillos absorben agua, se hinchan y se enderezan dando lugar a una estrella.

Experimento Nro. 17: Los Dibujos que Cobran Vida

Materiales y Productos necesarios.

- ➢ 1 plato llano de porcelana
- ➢ 1 marcador de tinta no permanente (de pizarra acrílica)
- ➢ Agua

Procedimiento

1. Utilizando el marcador de tinta no permanente, dibuja animalitos o figuritas a tu imaginación en el centro del plato.

2. Vierte pequeñas porciones de agua en el plato de tal manera que corra desde las orillas hacia el centro del plato con la fuerza suficiente para que la corriente de agua desprenda la tinta del plato y les transfiera vida a tus figuritas.!

Explicación

Cuando viertes agua sobre tus figuritas, hechas usando un marcador de tinta no permanente, su **flotabilidad supera la viscosidad** de la tinta, lo que separa el dibujo de la superficie y flota en el agua.

Experimento Nro. 18: Lluvia de Colores

Materiales y Productos necesarios.

- 1 Vaso grande de cristal
- Crema para afeitar
- Colorante para alimentos (3 colores diferentes)

Procedimiento

1. Llena tres cuartas partes (3/4) del vaso con agua del grifo.
2. Llena el resto del vaso con crema para afeitar (la crema se quedará flotando sobre el agua).

3. Agrega consecutivamente y sin demora varias gotas de cada uno de los colorantes alimentarios sobre la espuma para afeitar dentro del vaso.

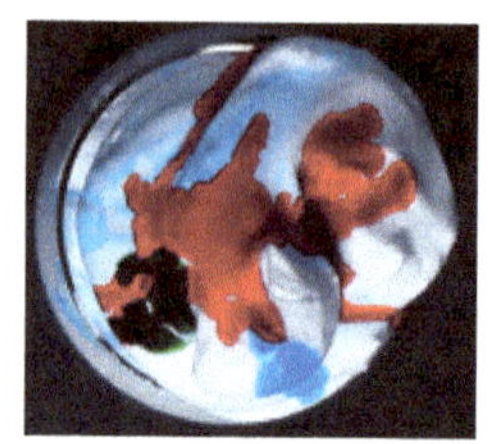

4. Al cabo de pocos segundos verás un maravilloso espectáculo de colores precipitándose al fondo del vaso.

Explicación

El fenómeno de la lluvia de colores se debe a la **"Diferencia de Densidades"** entre las tres sustancias. El colorante logra filtrarse a través de la crema para afeitar debido a que es más pesado, es decir, tiene mayor densidad e incluso se va hasta el fondo del vaso porque también es más denso que el agua de grifo.

Experimento Nro. 19: Agua siempre Cristalina

Materiales y Productos necesarios.

- ➢ 2 Vaso grande de cristal
- ➢ Azúcar
- ➢ Colorante para alimentos

Procedimiento

1. **C**oloca los dos vasos uno al lado del otro y llénalos de agua hasta el mismo nivel.

2. **A**gregue suficiente azúcar (aproximadamente 100 g) a uno de los vasos con agua y agite mucho hasta disolverla completamente de tal manera que el agua quede cristalina (incolora).

3. **A**gregue 4 gotas del colorante alimentario en cada uno de los vasos con agua.

4. **A**l instante notarás que el agua pura permite que el colorante alimentario se vaya al fondo del vaso y se mezcle con ella, pero el agua con azúcar se comporta impenetrable y obliga al colorante a quedarse flotando en la superficie y no logra mezclarse

Explicación

La diferencia en el comportamiento entre el agua pura y el agua con azúcar se debe a la **"Diferencia de Densidades"**. El azúcar disuelto en el agua crea una mezcla con mayor densidad que el agua pura, entonces, el colorante que es ligeramente más denso que el agua pura se va hasta el fondo del vaso, pero no es más denso que la mezcla de agua y azúcar y por eso se queda flotando en la superficie.

Experimento Nro. 20: Burbujas Rusas

Materiales y Productos necesarios.

- ➢ Jabón líquido
- ➢ Azúcar
- ➢ 1 Pajilla o Popote
- ➢ 1 lamina de acetato o portafolio liso
- ➢ 1 frasco o recipiente de 500 ml

Procedimiento

1. Llena el frasco de agua hasta la mitad, agrégale una cucharada de azúcar, dos cucharadas de jabón líquido y agita hasta que se disuelva todo completamente.

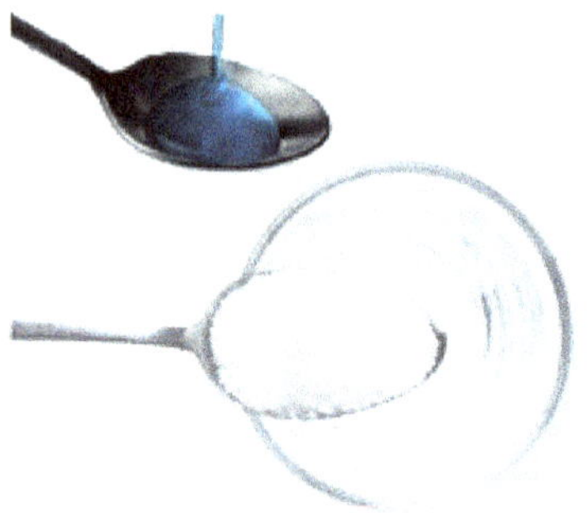

2. Coloca la lámina de acetato sobre la mesa y humedezca toda su superficie superior con jabón líquido.

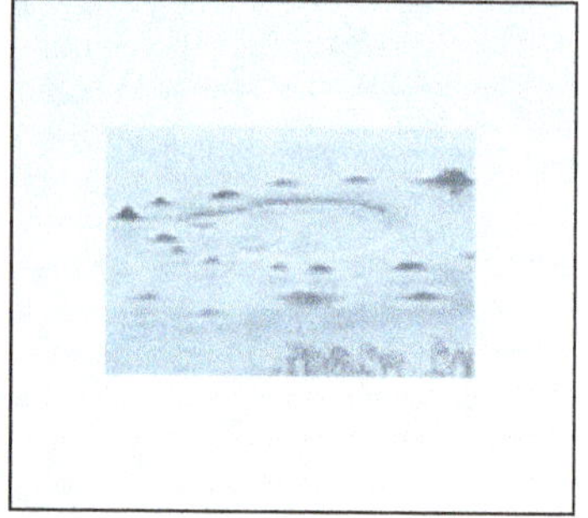

3. Introduce un extremo del popote en la mezcla de jabón líquido, acércalo a la mesa y sopla por el otro extremo hasta formar una burbuja sobre la superficie del acetato.

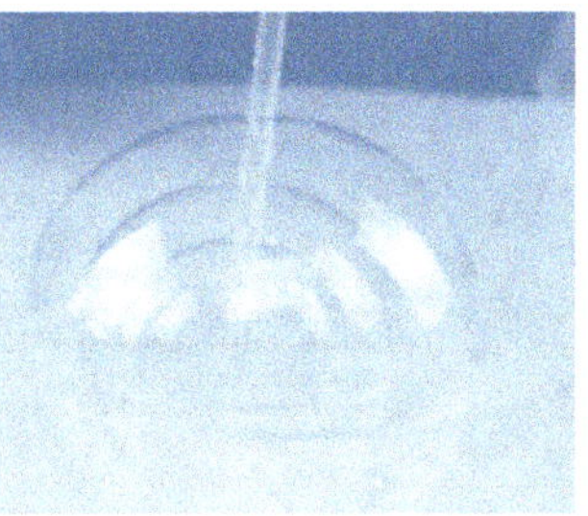

4. Luego introduce nuevamente el popote en la burbuja inicial y verás que esta no se explota, sopla otra vez y te sorprenderá ver como se forma una burbuja dentro de la otra y así sucesivamente podrás formar otra nueva burbuja más pequeña dentro de la anterior.

Explicación

Las Burbujas de jabón no se explotan cuando introducimos el popote en ellas gracias a la **Tensión Superficial**. Las moléculas de agua se hacen más elásticas cuando se mezclan con jabón, por eso ellas se estiran cuando soplamos para formar burbujas; además el azúcar aumenta la tensión superficial del agua, por eso las burbuja inicial no se rompe fácilmente cuando inflamos otra burbuja dentro de ella. También es importante destacar que el popote humedecido en agua de jabón ayuda a que la burbuja no se explote cuando la perforamos, ya que la burbuja y el agua jabonosa son de la misma naturaleza.

Experimento Nro. 21: La Mandarina Nadadora

Materiales y Productos necesarios.

> ➤ Agua
> ➤ 2 Mandarinas Anaranjadas (asegúrate que la cascara no tenga roturas)
> ➤ 1 frasco de vidrio transparente

Procedimiento

1. Llena el frasco de vidrio con agua hasta dos centímetros por debajo del borde.

2. Quítale la cascara a una de las mandarinas.

3. Introduce la mandarina sin cascara en el frasco con agua, veras que se hunde hasta el fondo.

4. Introduce la mandarina con cascara en el frasco con agua, veras que ésta inesperada y sorpresivamente se mantiene flotando.

Explicación

Todo es cuestión de **"Diferencia de Densidades"**. La mandarina sin cascara es pura pulpa solida, compacta y mas densa que el agua, por eso se hunde. Mientras que la mandarina con cascara contiene muchas burbujas de aire entre la pulpa y la cascara, lo cual la hacen en su totalidad menos densa que el agua y actuando como flotador impiden que la mandarina se hunda, tal como ocurre con los chalecos salvavidas en las personas.

Experimento Nro. 22: Jugo Morado Mágico

Materiales y Productos necesarios.

- ➢ 150 ml de jugo de col morada (2 hojas de col morada licuada con 3 tazas de agua)
- ➢ 150 ml de vinagre blanco
- ➢ 150 ml de solución azucarada (2 cucharadas de azúcar disueltas en 150 ml de agua)
- ➢ 2 vasos de vidrio transparente
- ➢ 1 recipiente de plástico con pico dosificador

Procedimiento

1. Llena uno de los vasos de vidrio con el vinagre blanco y el otro con la solución azucarada.

2. Llena el recipiente de plástico con el jugo de col morada.

3. Vierte un chorrito de jugo de col morada en el vaso que contiene vinagre blanco y te asombraras de ver que la mezcla no resulta de color morado sino de color rojo.

4. Vierte un chorrito de jugo de col morada en el vaso que contiene agua azucarada y te asombraras de ver que la mezcla no resulta de color morado sino de color azul.

Explicación

Uff.! Como se explican esos cambios de color. Bueno, el repollo contiene un compuesto llamado **antocianina que se puede utilizar como un indicador de pH**, ya que en sustancias acidas (pH<7) como el vinagre, la mezcla se torna de color rojo; mientras que en sustancia alcalinas (pH>7) como el agua azucarada, la mezcla se torna de color azul

Experimento Nro. 23: La Pelotita Flotante

Materiales y Productos necesarios.

> ➢ 1 secador eléctrico de cabello
> ➢ 1 pelota de ping pong.

Procedimiento

1. Conecta y enciende el sacador de cabello.

2. Apunta el flujo de aire del secador hacia arriba y coloca la pelota de ping pong en la línea de dicho flujo de aire arriba del secador. Sorprendente.! La pelotita se mantiene flotando en el aire y no se cae hacia los lados.

Explicación

La pelota de ping pong realmente flota en el aire y esto se debe gracias al **"equilibrio de fuerzas"** entre la fuerza de su propio peso que va hacia abajo y la fuerza de la corriente de aire que sopla hacia arriba. Además por su forma esférica el aire choca contra la pelota con mayor velocidad en el centro y menor velocidad por los bordes produciendo un equilibrio de presiones que la mantienen levitando sin salirse de la corriente de aire.

Experimento Nro. 24: El Ascenso de la Pelotitas

Materiales y Productos necesarios.

- ➢ 2 Botella de vidrio
- ➢ Agua
- ➢ Pelotitas plásticas de colores

Procedimiento

1. Llena completamente una de las botellas con agua y la otra con las pelotitas de color.

2. Levanta la botella con agua con una mano y tapa el pico de la botella con tu otra mano para evitar que se derrame el agua mientras volteas la botella.

3. Coloca rápida, pero cuidadosamente el pico de la botella con agua sobre el pico de la botella con las pelotitas de color.

4. Te Sorprenderá ver como gran cantidad de la pelotitas de colores suben y entran en la botella que colocaste arriba mientras el agua desciende.

Explicación

¡Guao! Las pelotitas realmente ascienden. Pero, todo es cuestión de **"Diferencia de Densidades"**. El agua se cuela fácilmente en medio de las pelotitas para bajar al fondo de la botella de abajo y al mezclarse con la pelotita, éstas se ven obligadas a flotar por tener menor densidad que el agua (son más livianas); por lo cual suben rápidamente mientras el agua baja.

Experimento Nro. 25: La Fuente Intermitente

Materiales y Productos necesarios.

- ➢ 1 botella mediana de plástico con tapa de rosca.
- ➢ Agua.
- ➢ Un cuchillo puntiagudo (para uso previo a la presentación)

Procedimiento

1. Abre 3 o 4 agujeros a la altura media de la botella con el cuchillo puntiagudo.

2. Tapa los agujeros que hiciste en la botella con una de tus manos, llena completamente la botella con agua y enrosca la tapa de la botella en su pico. Notarás que el agua no se sale de la botella (solo sale al principio una muy pequeña cantidad).

3. Desenrosca la tapa de la botella y verás como el agua sale cual si fuera una fuente.

4. Enrosca nuevamente la tapa de la botella y te sorprenderá ver que el flujo se detiene completamente y el agua deja de salir.

Explicación

¿Qué Ocurre? Cuando la botella está abierta la presión del aire por fuera y por dentro de la botella es la misma (la presión atmosférica), entonces solo el peso del agua hace que el agua fluya a través del agujero. Pero cuando la botella está cerrada con la tapa de rosca, en el espacio libre sobre el agua dentro de la botella se ha creado **un vacío que succiona el agua hacia adentro** con la misma fuerza que su peso evitando que el agua salga por el agujero.

Experimento Nro. 26: La Explosión de los Colores

Materiales y Productos necesarios.

- ➤ 1 Plato llano de vidrio blanco
- ➤ 1 Bolita de algodón
- ➤ Leche liquida
- ➤ Colorantes para alimentos (se sugiere 3 colores diferentes)
- ➤ Detergente lavavajillas

Procedimiento

1. Vierte una pequeña porción de leche líquida en el plato y luego agrega en el centro del plato 1 o 2 gotas de cada uno de los colorantes para alimentos muy unidas, pero sin que se mezclen.

2. Humedece la bolita de algodón en el detergente para lavavajillas.

3. Toca los colorantes alimenticios en el centro del plato con la parte humedecida de la bolita de algodón con detergente y te sorprenderá ver como mágicamente se dispersan los

colores en el plato esparciéndose hacia los bordes cual si fuera una explosión.

Explicación

La explosión de los colores se debe al **"efecto tensoactivo del detergente"** sobre la leche. Eso quiere decir que el detergente disminuye la tensión superficial de la leche y permite que los colorantes se muevan con mayor facilidad y libertad.

Experimento Nro. 27: La Bolsa Voladora

Materiales y Productos necesarios.

- ➤ 1 Bolsa plástica
- ➤ 1 globo de hule de fiesta
- ➤ 1 tijera (para uso previo a la presentación)

Procedimiento

1. Infla el globo de fiesta y anuda el pico para que no se fugue el aire, por otra parte, recorta un pequeño trozo de bolsa plástica.

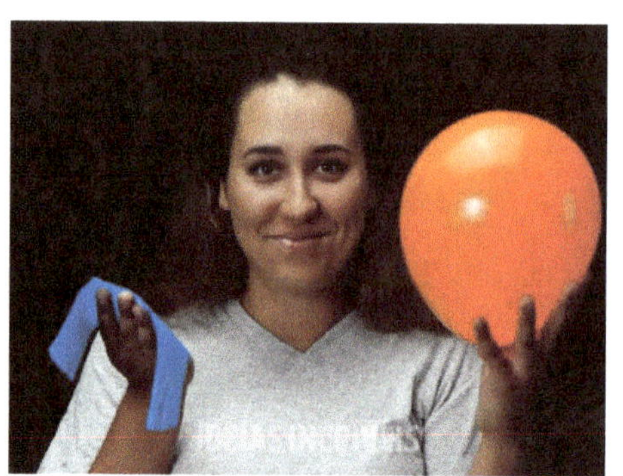

2. Frota el globo (hule) inflado contra tu cabello en tu cabeza

3. Frota también el trozo de bolsa plástica contra tu cabello en tu cabeza

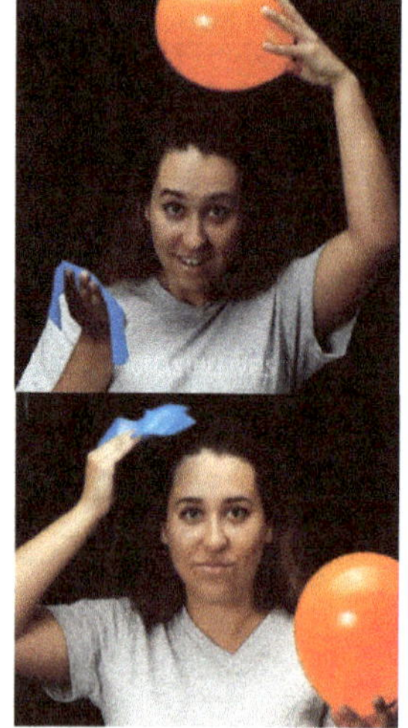

4. Coloca el trozo de bolsa plástica por encima del globo sin permitir que se toquen y suéltalo. No podrás

creer lo que ven tus ojos: el trozo de bolsa plástica flotará en el aire.

Explicación

¿Magia? ¿O Hechicería?

Resulta que al frotar el globo (hule) de fiesta y el trozo de bolsa de plástico contra tu cabello, estos se cargan eléctricamente por fricción con el mismo tipo de carga, luego al acercar el trozo de bolsa plástica por encima del globo de hule ocurre el fenómeno de **repulsión por fuerzas electrostáticas iguales.**

Experimento Nro. 28: El Levantamiento del Hielo

Materiales y Productos necesarios.

- ➢ 3 cubitos de hielo
- ➢ Sal
- ➢ Agua
- ➢ 1 Trozo de hilo grueso
- ➢ 1 Plato

Procedimiento

1. Coloca los 3 cubitos de hielo en el plato.

2. Moja el hilo con agua y colócalo encima de los cubitos de hielo, luego esparce una pequeña porción de sal encima de ellos.

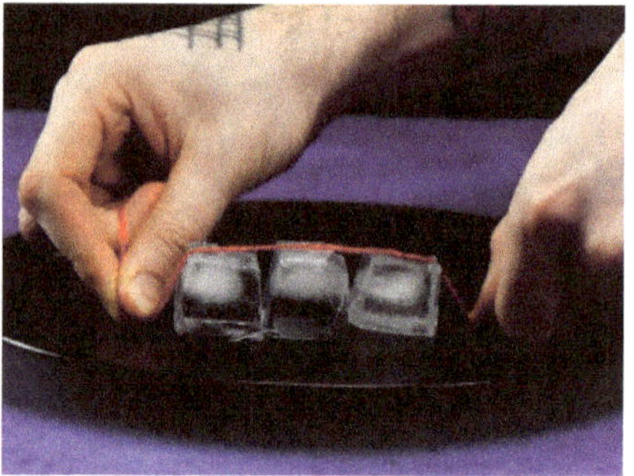

3. Levanta el hilo y notarás como los 3 cubitos de hielo se han pegado al hilo.

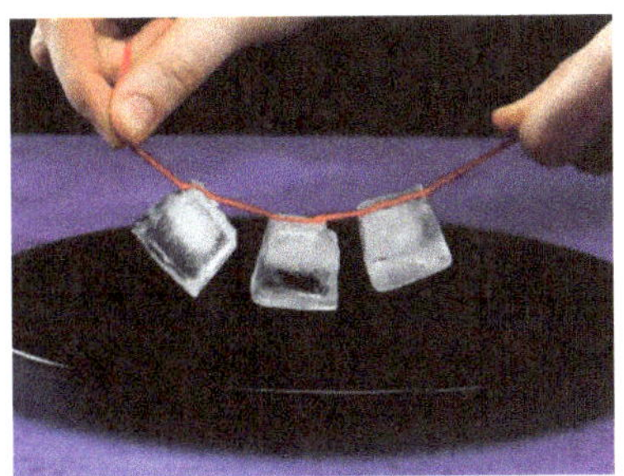

Explicación

¿Cómo es Posible? Todo es cuestión de **cambios de estado consecutivos en el agua**. Cuando se coloca el hilo mojado sobre el cubito de hielo y se le esparce sal, el cubito se derrite un poco y el hilo empieza a hundirse en su superficie porque la sal reduce el punto de congelación del hielo. Pero luego, en unos segundos el agua que moja el hilo se enfría tanto por el hielo que lo rodea que se congela y en consecuencia el hilo se queda pegado a los cubitos de hielo.

Experimento Nro. 29: El Remolino de Agua

Materiales y Productos necesarios.

- 2 botella grandes de plástico transparente con tapón de rosca (al menos 2 litros cada una)
- Cuchillo puntiagudo (para uso previo a la presentación)
- Cinta adhesiva
- Agua.

Procedimiento

1. Abre un agujero circular en el centro de cada una de los tapones roscados de las botellas.
2. Junta los tapones por la parte superior y únelos con la cinta adhesiva lo más fuerte y hermético posible.

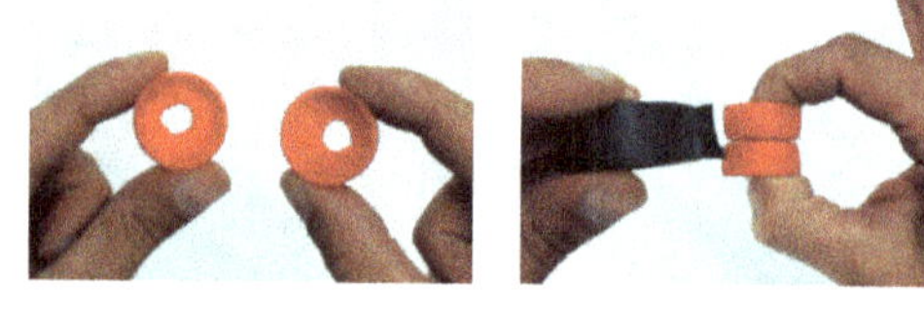

3. Llena de agua una de las botellas y enrosca los tapones unidos en ella, luego invierte la botella vacía y enróscala en el tapón que queda libre hacia arriba.

4. Invierte el montaje de forma que la botella con agua quede en la parte superior.
5. Mueve en círculos la botella

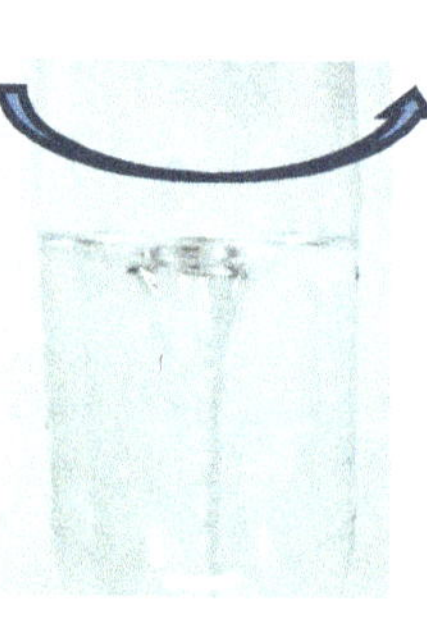

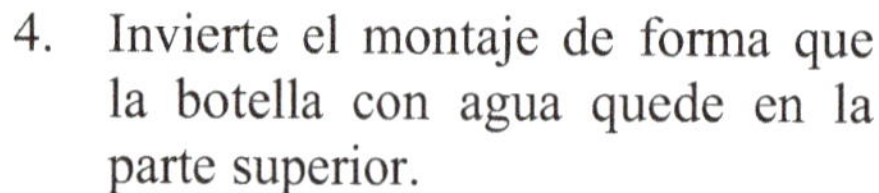

superior hasta que con la rotación
se cree un tornado o remolino.

Explicación

Asombroso.! Al rotar fuertemente la botella, el agua se desplaza hacia los bordes. Al cabo de varias vueltas aparece un **vórtice o remolino de agua girando en espiral**. Como habrás observado, en el centro del remolino no hay agua, sino un canal por el que el aire puede pasar libremente desde la botella de abajo hacia arriba permitiendo que las presiones inferior y superior se igualen. Ahora el agua y el aire pueden pasar a la vez por los agujeros de los tapones, y como consecuencia, la botella se vacía muy rápidamente.

Experimento Nro. 30: El Imán que Flota en el Aire

Materiales y Productos necesarios.

- ➢ Dos Imanes de barra
- ➢ Papel de color verde
- ➢ Papel de color rojo
- ➢ Cinta adhesiva transparente
- ➢ Tijera
- ➢ Lápiz

Procedimiento

1. Recorta dos círculos del papel verde y dos círculos del papel rojo de aproximadamente 2cm de diámetro cada uno.

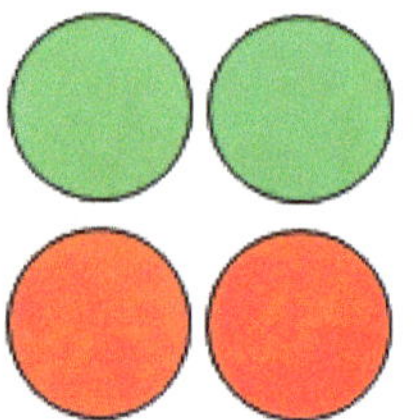

2. Acerca los extremos de los imanes e identifica los extremos que se atraen, luego pega en esos extremos círculos de color diferente (en uno rojo y en el otro verde). Repite el procedimiento con los otros extremos.

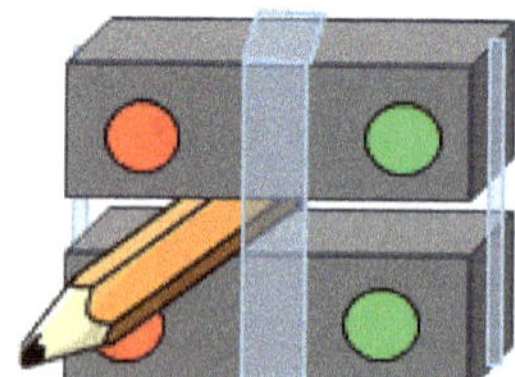

3. Coloca los imanes uno encima del otro con los círculos de colores iguales

hacia el mismo lado y pon el lápiz en medio para separarlos y luego fija con cinta adhesiva los cuatro lados.

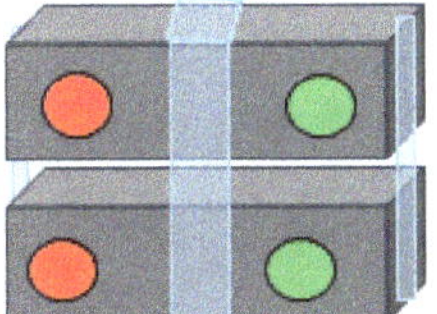

4. Retira el lápiz y observa como asombrosamente el imán que está arriba se queda flotando mágicamente en el aire.

Explicación

Wao.! El imán que está arriba flota en el aire sobre el que está debajo.

Esto ocurre debido a **la atracción y repulsión magnética.** Todos los imanes tienen dos polos, uno positivo y el otro negativo. Los dos polos del mismo tipo se rechazan y tienden a separase, mientras que los polos diferentes se atraen.

Incluso, cuando se empuja hacia abajo el imán que está arriba y se suelta. éste salta hacia arriba.

¡Wao! hemos llegado al final de este maravilloso libro, como les comentábamos paginas atrás, estos experimentos son enseñados a niños a partir de un año de edad, siiii como lo lee, un añito de edad. La experiencia nos ha dicho que, aunque estén pequeños es importante introducirles en este majestuoso y curioso mundo de las Ciencias, pues obtenemos resultados sorprendentes a medida que van avanzando en su edad cronológica, tenemos un Centro Educativo Bilingüe y Montessori las 24 horas, siiii las 24 horas, en la Ciudad de Querétaro. Actualmente contamos con dos sucursales donde aplicamos estos experimentos en cada Jueves de Ciencias.

Guardería Ludoteca Daymar; somos una guardería ludoteca conformada por un equipo de personas capacitadas, profesionales, con alto sentido de responsabilidad y al servicio de educar, somos el resultado de la fusión entre la ingeniería y la educación, que son las carreras bases de nuestros Directores.

Nuestro concepto nace de la necesidad presente en Querétaro de guarderías ludotecas bajo este pensamiento y forma de trabajar, donde se respete el ritmo de cada niño, donde con amor y respeto se les guie en este camino que es la vida, donde exista un espacio para el amor, crianza respetuosa e inteligencia emocional.

Somos una familia venezolana, que apostó un nuevo por venir lejos de casa, creemos firmemente en que los niños necesitan y requieren un ambiente de amor y comprensión para crecer y desarrollarse sanamente, en Guardería Ludoteca Daymar somos más que cuidado y hemos reinventado la manera de enseñar y cuidar.

Nuestra forma de trabajar es Única, Divertida y Diferente.

Educación profesional para pequeños en Querétaro

Sabemos que desde los 0 a 6 años se construye la base de la personalidad e inteligencia, por ello es de suma importancia que crezcan en un ambiente rico en estimulación, afecto y respeto. En Guardería Ludoteca Daymar contamos con los conocimientos académicos y vocación para ofrecer el mejor de los servicios y formar a los pequeños genios de Querétaro.

Guardería Ludoteca Daymar ofrece especial atención en el desarrollo natural de cada niño, de acuerdo con sus ritmos naturales, sin estrés y con libertad. Recibimos niños a partir de los 6 meses de edad, y a partir del año trabajamos para que reconozcan sus emociones básicas, algo que les permite empatizar con otros niños.

Las clases de inteligencia emocional son muy importantes para nosotros, todo siempre a través del juego. En las primeras etapas del desarrollo en los niños se presentan serias dificultades ya que no poseen el vocabulario suficiente y su cerebro aún esta en proceso de maduración para procesar y expresar las emociones. En Guardería Daymar tienen un lugar seguro para aprender y expresar lo que están sintiendo de una forma sana. Algo por lo que destacamos es que, además de las clases de inteligencia emocional, los niños desde los dos años ya inician con educación financiera, en la que los pequeños reconocen que pueden ahorrar, comprar, invertir y vender. Y no solo estos conceptos, hemos decidido ir un poco más allá y abrimos un tomo para enseñarles sobre la conexión con las riquezas, que no precisamente tiene que ver con papel moneda, sino más bien con nuestra esencia, quienes somos y en quienes nos queremos convertir a través del verdadero agradecimiento, el reconocer que realmente somos muy afortunados y bendecidos cuando estamos en la posición del que da y no del que necesita que le den, cuando somos generosos y damos sin esperar nada a cambio, cuando somos conscientes que si queremos ver un mundo mejor debemos empezar por nosotros mismos.

Guardería Ludoteca Daymar es la única guardería en todo Querétaro Bilingüe y Montessori las 24 horas. Los pequeños que acuden a nosotros pueden tener acceso a actividades artísticas y también contamos con escuelas para padres, donde se ofrecen pláticas y consejos útiles a los papás.

Es importante preguntarnos si la educación y formación que están recibiendo actualmente nuestros hijos ¿les será útil para el futuro?, realmente ¿se están formando en las áreas que se requiere para que estén totalmente dotados de las habilidades necesarias para el futuro?, si investigamos un poco más de seguro encontraremos información valiosa, tal como la importancia de fomentar y desarrollar habilidades blandas y duras, y a que nos referimos con ¿habilidades blandas?; las habilidades blandas en niños son esas capacidades personales que facilitan su convivencia con los demás, como la comunicación, empatía, resolución de conflictos, creando vínculos y mejorando los niveles de interacción con los demás. Ahora bien, las habilidades duras también tienen un punto fuerte en la formación de los niños del futuro, pero antes debemos adentrarnos en el concepto de habilidades duras: y éstas tienen que ver con el pensamiento analítico e innovación, aprendizaje activo y estrategias de aprendizaje, resolución de problemas complejos, pensamiento crítico y análisis, creatividad, originalidad e iniciativa, y ¿qué creen?, con la aplicación de estos experimentos se inicia este provechoso camino, en este libro encontraras los medios para desarrollar estas habilidades en tus hijos, como adulto debes cuestionarte si la formación que recibe tu hijo actualmente contribuye al desarrollo de estas habilidades. Actualizarnos constantemente debería ser un habito en nuestro día a día. Ofrecer todas las oportunidades posibles para el crecimiento de nuestros hijos es algo que tenemos en común todos los padres. Pues todos queremos lo mejor para ellos. Este apartado es para que reflexionemos sobre la educación actual, si el mantener a los niños sentados, tranquilos, sin moverse y prestando atención en todo momento como nos enseñaron a nosotros, ¿será el mejor camino para formarle y conducirle? En este libro te invitamos a romper estereotipos y formas tradicionales, por simplemente la forma más divertida y única de aprender, y la que más se adapte a tus ideales, valores y aspiraciones. Recordemos que no todos aprendemos de la misma manera. Igual los niños, aprenden de muchísimas formas. Según nuestra teoría del modelo educativo Daymar hemos descubierto que hay 1.000.000 de formas de aprender, y nuestra formula se basa en lo siguiente, nuestro cerebro procesa la información de 100 maneras, si lo multiplicamos por las 100 formas en que nuestro cerebro almacena la información, y por las 100 formas diferentes que hay de usar la información. Da como resultado un millón de formas de aprender.

Quiénes Somos

El proyecto educativo Daymar se crea con la finalidad de ofrecer un alternativa completamente nueva, divertida y diferente de enseñar y cuidar. Estamos conformados por un equipo multidisciplinario de expertos en áreas como: Psicología, Antropología, Medicina, Pedagogía, Ingeniería, etc.

Servicios profesionales en Guardería Ludoteca Daymar

Cuidado integral las 24/7 (Nuestras instalaciones están disponibles las 24 horas.)

Alimentación Sana y balanceada: Gran variedad de alimentos frescos del día.

Atención personalizada: Trabajamos con pequeños grupos. Concepto burbuja.

Before and after school: Ofrecemos diferentes modalidades para que puedas contratar nuestros servicios. Antes y después de la escuela.

Aula virtual: En esta sección podrás ver las clases que se imparten de forma diaria a tu pequeño genio.

Escuela para padres (Una ventana para consultar tus dudas con nuestros expertos)

Asesorías profesionales: (Médica, legal y jurídica, psicológica y de orientación familiar). Contamos con todo un equipo de expertos para consultas on-line y presenciales.

Transporte privado 24/7 (Donde quieras y cuando quieras, transporte privado para ti y tu hijo)

Clases de Taekwondo (Aporta grandes beneficios físicos, pero también diversos valores y habilidades que ayudan a formar el carácter de los niños)

Clases de música (Ayuda para el crecimiento intelectual, ya que genera gran cantidad de actividad neuronal, favorece el manejo de las emociones)

Cuidado exprés (Si se te presenta una emergencia y sin previo aviso necesitas el servicio, somos tu opción perfecta las 24 horas).

Babysitter. Daymar va a tu hogar (personal calificado, de confianza y siempre disponible para ayudarte en tu hogar)

Clases virtuales: (Nuestras sucursales cuentan con un salón de usos múltiples adecuados para que tus hijos tomen sus clases, contamos con misses de apoyo).

HomeSchooling: (Apoyamos a las familias con este método y nuestra área académica está disponible para clases o temas específicos

Beca Margarita. Un programa diseñado y pensado para apoyar a las familias. En honor a Petra Margarita Flores. Un beso hasta el cielo.

Conoce sobre las clases y cursos en Guardería Ludoteca Daymar

Clases de inteligencia emocional: Tus hijos aprenderán a conocerse y manejar asertivamente sus emociones desde temprana edad.

Clases de minichef: Una actividad para explorar sus talentos, que interactúen y manipulen de forma directa los alimentos.

Clases de inglés: Fomenta la creación de nuevas conexiones neuronales que permitirán a su hijo potenciar sus habilidades en otras áreas.

Taller de pintura "picassitos": Desarrollo de la creatividad y la imaginación de tu pequeño artista, a través de un ambiente preparado.

Bailo-terapia: Fomenta la coordinación motora gruesa.

Yoga para niños: Adquieren conciencia de su propio cuerpo, a través de la respiración y concentración.

Días de teatro: Estimula aún más su imaginación y ayuda al desarrollo de sus habilidades sociales, potenciando su autoestima.

Días temáticos: Día creado para salir de la rutina y hacer algo divertido.

Experimentos científicos: Despertar la curiosidad de nuestros niños en temas científicos.

Circulo de lectura: Favorece y amplia el vocabulario de los niños y crea el hábito de lectura.

Clases de educación financiera: Incorporar conceptos sanos sobre finanzas en la toma de decisiones.

Karaoke: Ayuda a perder el miedo escénico y favorece la modulación de la voz. Ejercita los músculos de la garganta.

Manualidades: Favorece la psicomotricidad, fomenta la creatividad e imaginación. Entrena hemisferio derecho. Trabaja la paciencia y tolerancia a la frustración. Trabajo en equipo.

Modelo Educativo Daymar (MED-01).

El modelo educativo DAYMAR se basa en el principio del amor, respetando y validando las emociones de cada niño (Corrientes filosóficas: María Montessori, Jean Itard, Eduardo Séguin, Johann Heinrich Pestalozzi, Jean Piaget, etc.).

En nuestro modelo educativo (MED-01) el niño es el autor y el protagonista de su propio aprendizaje, nos enfocamos en crear una experiencia única y enriquecedora para el aprendizaje de tu pequeño genio. La generación Alpha.

Somos el resultado de la fusión de un conjunto de experiencias de vidas y tenemos como objetivo incentivar y acelerar las siguientes áreas de tu hijo:

Su Pensamiento y razonamiento (desarrollo cognitivo)

Desarrollo afectivo y social

Desarrollo del lenguaje

Desarrollo sensorial y motor

Estamos creando la incubadora de las 'startups' educativas que van a impactar la educación en los próximos años. Únete.

Si eres estudiante, puedes desarrollar tu tesis, Pasantías o servicio social con nosotros desde cualquier parte del mundo.

Te asesoramos para desarrollar un proyecto educativo desde cero.

Invierte en la idea de negocio más prometedora de los próximos años. (Educación del futuro y metaverso)

ISBN:9798837373572